JN855431

コーチングのプロが教える
超実践型
1 on 1

「1 on 1」

PRACTICAL
TRAINING NOTE
FOR MANAGERS

TCS 認定プロフェッショナルコーチ
森真貴子

はじめに

　この本を手に取ってくださり、ありがとうございます。

　TCS認定プロフェッショナルコーチの森真貴子です。

　私は普段、様々な企業で管理職向けのコーチング研修や、経営幹部向けにエグゼクティブコーチングを行っています。また、コーチとして活動する傍ら、自らが代表を務める会社で介護事業などいくつかの事業を運営しています。

　この本を手に取ってくださった皆様は、すでに「1on1」を実施されていたり、または日々部下との関係に悩んでいらっしゃる、そんな方なのではないかと思います。

　近年、私たちを取り巻くビジネス環境も急速に変化し、また働く一人一人の価値観も多様化しています。様々な価値観や考えを持った部下と良い人間関係を築きながら、チームをマネジメントしていく上司の苦労は、一昔前とは違う難しさを秘めているように感じています。

そのなかで、職場内でのコミュニケーションの活性化が強く叫ばれるようになり、「1on1」もその1つの手段として注目されるようになりました。

「1on1」とは、上司と部下がまとまった時間をとって行う1対1の対話のことです。

　「1on1」を導入することで、上司と部下の対話の機会を増やし、部下一人一人が働きやすく成長しやすい状態を作ろうと、最近では多くの企業で「1on1」が実施されるようになりましたが、実際に実施する現場からは、なかなかうまくいかないという声も多いようです。

　「部下と話す時間は取っているが、何を話したらいいかわからない」
　「お互いに忙しいのに、定期的に面談の時間など取れない」
　「そもそも上司と話す時間がしんどい…」

　私はコーチとして、「1on1」の価値を十二分に感じて導入されたのになかなかうまく実施できない、継続できないとお困りの企業で、コミュニケーション研修などのお手伝いをしています。そのなかで、「『1on1』で特に意識するとよいポイントだけをお伝えし、上司の方々

が少しでもストレスなく『1on1』を実践できる方法はないだろうか」と考えるようになり、今回このノートを作りました。

このノートが、上司の皆さんがもっと「1on1」を楽しく継続し、部下との関係、そして取り組む仕事やチーム全体をより良い状態にしていくことに少しでもお役に立てたらと思っています。

また、このノートは「1on1」の実践のために活用いただくことを想定しているため、便宜上書き方を「上司」「部下」にしています。しかし今回ご紹介するポイントは、上司部下の関係のみならず、職場や家庭で、身近な人との関わりをより良くしていくためにお役立ていただけるものも多くあると思います。

同僚や友人、子供やパートナーなど、日頃身近に接する人たちで、より良い関わりや関係を考えてみたいと思う方がいらっしゃれば、自分とその方たちとの関係に置き換えて、お読みいただけると嬉しいです。

それでは、上司としてのご自身の部下との関わり方を確認することから始めましょう。右のページの「COMMUNICATION CHECK SHEET」で、まずは自分の「現在地」を見てみましょう。

COMMUNICATION CHECK SHEET

	今の自分を振り返って、次の10項目の質問にあてはまる方に「Yes」「No」を回答してください。		
1	この1ヶ月の間に、定期的な1on1や挨拶以外で、一人一人の部下と会話する機会を5回以上は持てている。	YES	NO
2	日々の業務時間以外などに、部下のことを考える時間を習慣的に取っている。	YES	NO
3	部下と話す時、自分よりも部下の方が話している割合が多い。	YES	NO
4	部下との会話も含め、職場での自分の口ぐせを知っている。	YES	NO
5	この1ヶ月、部下から仕事以外のことで相談を受けたことがある。	YES	NO
6	この1ヶ月、自分から部下に相談したり、自分が知らない新しい情報やスキルを、部下に教えてもらったことがある。	YES	NO
7	最近部下が最も頑張っている仕事や工夫を知っていて、すぐ答えられる。	YES	NO
8	部下に、自分の「弱点」をさらけ出せている。	YES	NO
9	「どんな上司を目指しているか」を自分の言葉で自信を持って答えられる。	YES	NO
10	部下に語れる、自分の目標やキャリアプランを明確に持っている。	YES	NO

いくつ「Yes」がつきましたか？
あなたの部下とのコミュニケーションを1つ1つ見直しながら、
効果的な1on1を行うためのポイントを、これから一緒に学んでいきましょう。

■ 1on1の成功の鍵は、1on1以外の時間

あなたの会社では、今1on1を導入していますか？

今や多くの企業で、社内のコミュニケーションの活性化、部下の目標管理やキャリア支援などの目的から、1on1を導入しています。1on1は「上司と部下がまとまった時間をとって行う1対1の対話」とされてきましたが、最近は直属の上司部下に限らない組み合わせでの1on1など、企業ごとに様々な工夫を加えながら取り入れられています。

ところが、このところよくお聞きするのはこんな言葉です。
「実際やってはみたけれど、思った通りには上手く話ができないものですね…」
今では1on1についてネットや書籍でも情報があふれ、なかには会話の流れやセリフまで書かれているようなものまであります。1on1のイメージを持つという点ではとても有効だと思うのですが、それらの多くは「1on1を行う上司と部下との間に十分な信頼関係がある」ということが前提で書かれているように感じます。

しかし、実際私が企業の現場でよく目の当たりにするのは、関係そのものが希薄で、上司と部下との間では業務のやり取り以外のコミュニケーションはあまりないようなケースです。

このような関係だと1対1で話をすること自体が、上司も部下もお互いにストレスになってしまうことさえあります。

1on1をより有意義な時間にしていくためにまず大切なポイントは、1on1の時間だけにフォーカスをしないこと。
1on1以外の時間も含めて、上司は部下とどう信頼関係を築いていったらよいのかを考えることで、1on1も自然と質のいい時間になってきます。

とはいえ、この「信頼関係」というのは口で言うほど簡単ではありません。当然上司と部下だからといって最初から信頼関係があるわけではなく、日々時間をかけて築いていくものです。

しかし日々の関わりも、「どんなことを大切にして関わるか」の視点を少しでも持つことができれば、短い限られた時間でも信頼関係を築くことは可能です。

ここでは限られた時間でより早くより深い信頼関係を築くために、絶対におさえておきたいポイントだけを簡単にお伝えします。

POINT 1

「部下とどのような関係を築きたいか」
を明確にする

「目の前の仕事をどう進めるか」については比較的多くの上司が明確な目標を持っています。しかし「その仕事に一緒に取り組む部下一人一人とどんな関係を築きたいか」については、「考えたことがない」「漠然としか思ったことがない」と言う上司も多いのではないでしょうか。

「いつまでに、どうするか」の明確な目標がないと、仕事もどう進めていいかわかりません。それと同じで、部下との関係も「どんな関係になりたいのか」を考えていないと、日々部下とどう関わりたいかも、さっぱりわからないままです。
「部下とどのような関係を築きたいか」を明確にすることは、部下とのビジョンを自分なりに一度考えてみるということです。

POINT 2

「部下のことを考える時間」を持つ

多くの上司がプレーイングマネージャーとして日々忙しく過ごし、リモートワークの普及から直接顔を合わせ会話できる時間も一層限

られるようになりました。そのため、上司と部下が直接話せる時間はとても貴重なものです。

　その限られた貴重な時間を密度の濃い時間にできるかは、「日頃からどれだけ上司が部下のことを考える時間を取れているか」によります。

　普段から部下の仕事ぶりを把握し「部下が今どのような状況にいるか」を上司が考えていないと、いくら決まった時間をとっても有意義な会話はできません。

「担当しているプロジェクトが思うように進んでいない様子だけれど、本人のモチベーションは落ちていないだろうか？」

「同じチームのメンバーとの連携がうまくいっていないようだ。何か問題でもあったのだろうか？」

「実家のお父様に介護が必要になるかもしれないと言っていたな。その後どうなったか聞いておこう」

　いつも部下のことを絶えず考えているからこそ、いざ部下と話す時、次から次へと話したいことが出てくるのです。

　上司が「部下のことを考える時間」と「部下と直接1対１で会話をする時間」の、この２つを継続的に取ることが、限られた時間で信頼関係を築くためには不可欠です。

3

3分でも、部下とコミュニケーションをとる

通常1on1というと、毎月1時間とか毎週30分など、上司と部下が行うまとまった面談の時間のことを言います。

しかし私は、**時間の長短にかかわらず、「お互いに信頼関係を築き、部下の成長や目標達成につながる1対1の時間であれば、それはすべて1on1である」と定義しています。**大切なのは「質」であり、たった3分でも部下の心を軽くし目標に向かうきっかけとなれたのなら、それは立派な1on1です。

当然キャリアについての相談や、仕事の細かな進捗管理など3分で完結できないものもあります。しかしまとまった時間を取ることが条件となると、今度は気軽さが大きく失われてしまいます。

極論、1on1は「3分」でもいい。
大切なのは、時間の長さではなく、その「質」と「頻度」です。

月に1回1時間の時間より、3日に1回たった3分でも**上司が部下のことを思い、部下のために話した会話の積み重ねこそが貴重です。**3分の時間でも、日頃から上司が部下のことを考える時間を持つ習慣があれば、想像以上に充実した会話ができます。

コーチングスキルを身につける

コーチングは、「限られた時間で相手と信頼関係を築き、相手の目標達成や成長をサポートするコミュニケーションの技術」であり、ビジネス現場において大変役に立つ実践的学問です。

以前は「コーチング＝質問」と誤解されがちでした。しかし実際には「質問」以外にも、「聴く」「承認」「フィードバック」など100を超える多様なスキルがあり、これらを相手の状況を見極めながら効果的に活用し、相手の目標達成をサポートします。

「アドバイスしない」ことがコーチングの唯一のルールと言われています。ただし、職場では当然上司が部下よりも経験や解決策を豊富に持っているため、このルールは例外です。

しかし、上司がコーチングスキルを身につけることで、アドバイスを最小限にし、主体的に部下自らが考え行動していくことを支援することができます。

この本では、すぐに実践できるコーチングのポイントをお伝えします。部下と信頼関係を築き、1on1も含め部下との関わりのすべてがより質の高いものになるように、一緒に進めていきましょう。

このノートの使い方

まずはじめに、このノートを使うために
必要なポイントを確認しましょう。

ノートの目的

部下と信頼関係を深めながら、共に成長し目標達成をしていくためのノートです。(同僚や友人、子供やパートナーなど日頃身近に接する人たちで、関係をより深めたい相手を選んでもOKです)

ポイント

1 「部下のことを考える時間」を持つことから始める

部下が「今どんなことに取り組んでいるか」「今大切にしたいことは何か」「何に直面しているのか」など、部下のことを考え、自分はどんなコミュニケーションをしていくかを考える時間を持ちましょう。

2 短い時間でもコミュニケーションをとる

普段から部下のことを考える時間が持てていれば、短い会話でも、部下のために必要な会話はできます。「部下のことを考える」ことと、「部下と短い時間でも1対1で会話する」こと。この2つを、キャッチボールのように継続していくイメージを持ちながら進めていきましょう。継続することで、部下の様子の変化も見えやすくなってきます。1on1で部下が話していたこと、部下の変化や感じたことを簡単にでも書いていきましょう。

3 コーチングのポイントを実践してみる

2週間ごとに、部下とのコミュニケーションですぐ活かせるコーチングのポイントをご紹介しています。日々のコミュニケーションをより良いものにする視点として、活用してみてください。

4 自由に使ってみる

ノートの使い方に決まりはありません。大切なことは「楽しく続けること」です。自由にカスタマイズして、あなたが使いやすいかたちを見つけてください。

使い方の流れ

「1on1を始める前にやらないと失敗する上司の準備」から始めましょう。

> 「これから関わる5名を選ぼう」　　　　P16-17

1on1を通じてより深く関わっていきたいと思う部下5名を選びましょう。
また、選んだ部下との今の関係を自己評価してみましょう。

> 「『部下とどのような関係を築きたいか』を考えよう」 P18-25

選んだ部下と、それぞれどんな関係を築きたいかを「VISION SHEET」に書いてみましょう。

> 「部下のことをどれぐらい知っていますか」　　P26-39

選んだ部下について、現状どれぐらい知っているかを「PERSONAL SHEET」に書いてみましょう。

> 早速1on1を始めてみよう　　　　　　　　P40-

「部下のことを考える時間」と「部下と短い時間でも1対1で会話すること」を繰り返しながら楽しく実施していきましょう。2週ごとに部下一人一人の「COMMUNICATION SHEET」を記入しながら進めていきます。記入方法は次の14-15ページで詳しくお伝えします。

> 1on1をやってみて　　　　　　　　　　　P148-153

24週間、1on1をやってみての気づきや相手の変化を振り返り、これからのビジョンを考えてみましょう。

COMMUNICATION SHEET

このシートの目的

「部下のことを考える」ことと、「部下と短い時間でも1対1で会話する」ことを習慣化し、継続していくためのシートです。1on1で部下が話していたこと、部下の変化や自分が感じたことを、継続的に記録することで、より部下に合わせたコミュニケーションを考えることができます。

書き方の流れ

1 2週間ごとに「相手の目標」「コミュニケーション戦略（関わり方で大切にすること）」を書く。

> 「相手の目標」
> ▶この2週間の部下の目標や取り組もうとしているテーマ。
>
> 「コミュニケーション戦略（関わり方で大切にすること）」
> ▶「今後どんな関係になっていきたいか」と「相手の目標」のため、特にこの2週間は自分はどんなことを大切に部下に関わっていきたいか。

2 1週間ごと、もしくは2週間ごとに、「いつ」「どのタイミングで」「どんなコミュニケーションをとるか」を事前に考え「準備」の欄に書き込む。

3 実際に部下とコミュニケーションをしたら、相手の反応や話していた言葉、こちらが感じたことを「メモ」の欄に書き込む。

> 「準備」
> ▶「いつ」「どのタイミング」「どんなこと話すか」を事前に考えて書く。
>
> 「メモ」
> ▶1on1で部下が話していたこと、部下の変化や感じたことを継続的に記録するために書く。

COMMUNICATION SHEET

M・A ）さん 記入日 **2020** 年／ **8** 月／ **1** 日

相手の目標

- 8月中旬のD社でのプレゼンプランをまとめる。
- 新入社員Aさんの営業同行指導開始。

コミュニケーション戦略（関わり方で大切にすること）

- D社でのプレゼンまで納期が迫ってきたので、こちらから進捗管理。
- 遠慮されないように、最低2日に1回はこちらから会話。プライベートのことも興味持って聞く。

	日付		コミュニケーションの内容／相手についての発見／感じたこと
1W 8／3 （月） ～ 8／7 （金）	8／4 （火）	準備	チームMTGの後に／プレゼン準備で困っていることはないか確認する。
		メモ	他部署との調整で難航している件、相談あり。こちらから聞いてよかった。Aさんとの営業同行も、やりがいを持って教えてくれている様子。
	8／6 （木）	準備	休憩時に（誘えたらランチ行く）／子供さんの様子など
		メモ	来月家族で初めてキャンプ行くらしい。アウトドアにはまっている。
2W 8／10 （月） ～ 8／14 （金）	8／10 （月）	準備	定期1on1／D社でのプレゼン最終確認。同じチームのFさんとの連携について相談にのる。
		メモ	Fさんとはやはり上手くいっていない。一度Fさん側にもヒアリング必要か？
	8／14 （金）	準備	同行時／プレゼンの最終準備確認し、応援伝える。
		メモ	D社の契約が決まったらお祝いする約束した。大変そうだけどいい表情だったので安心。

1on1を始める前にやらないと失敗する
上司の準備

これから関わる5名を選ぼう

では、これからあなたが1on1を通じてより深く関わっていきたいと思う部下を5名、右ページのチャートに書き出してみましょう。

誰を選ぶかはあなたの自由ですが、下記の視点も参考にしてみてください。

■ 最近新しい仕事を任せたばかりの人
■ チームの目標達成のために、大切な役割を担ってくれている人
■ 次のリーダーとして育てていきたい人
■ これまでも育成に取り組んできたが、思うようにサポートできていないと感じる人
■ 新入社員や異動してきたばかりの人
■ 何となくコミュニケーションをとるのに苦手意識を感じるけれど、これを機会に信頼関係を築きたいと思う人
■ リモートワークにより直接顔を合わせる機会は減ったが、気にかけて関わっていきたい人

5名を選んだら、その部下との今の関係についても、自己評価してください。

1 | これから1on1を通じて、より深く関わっていきたいと思う部下5名の
名前を下に記入してください。

2 | その部下との今の関係について、10点満点で自己評価してください。

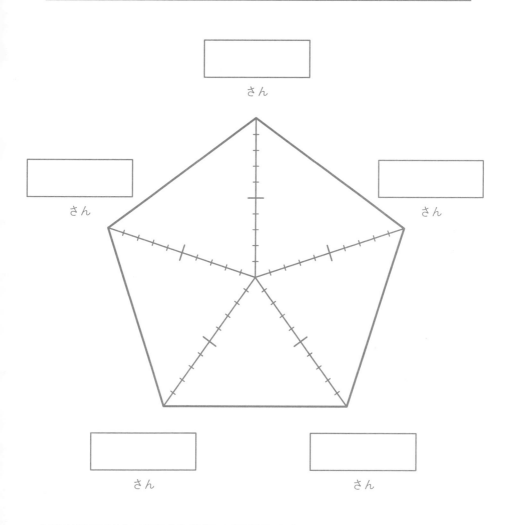

さん

さん

さん

さん

さん

「部下とどのような関係を築きたいか」を考えよう

1on1を始める前に必ず考えないといけないこと

「部下にどのように成長してほしいと思っていますか？」

このように質問された時、あなたならどう答えますか？

「目の前の仕事をどう確実に実現していくか」という問いに対しては、多くの上司が明快な自分なりの考えを持っています。しかし「部下一人一人にどう成長してほしいと思っているか」には、答えに窮する人も少なくありません。

1on1を始める前に、まず考えていただきたいことは「その部下とどんな関係を目指しているのだろうか」ということ、すなわち「相手とのビジョン」です。

例えば、ある部下に対して「一人でお客様のところに行っても恥ずかしくないように育ってほしい」と考えるのと、「将来は自分に代わって、部下を育成できるようなリーダーになってほしい」と考え

るのとでは、その部下に対する関わり方は全く異なるはずです。

　部下との関わりにおいても、漠然とした関わりではそのレベルに応じた以上の関係に進展することは、決してありません。

　そして仮に答えられたとしても、「自分があれこれ指示しなくても、勝手に一人で売上目標を達成してくるようになってほしい」など、「部下本位」ではなく、「上司本位」でのビジョンでは、上司と部下が対等に向き合うことなどできません。ただ上司が自分に都合のよい姿を部下に押し付けているだけになってしまうからです。

　まずは、上司として、部下とどんな関係を築いていきたいか？
　部下のどんな姿を見守っていきたいか？
　これから更に信頼関係が深まったうえで、一緒に目指したいことや共に実現したい次の目標は何なのか？

　このような問いに対し一人一人の部下の顔を思い浮かべながら、まずは考えてみましょう。「相手とのビジョン」が明確になるだけでも、部下との関わりが楽しみになり、関わり方も自ずと変わってくるかもしれません。

　なかなか普段から考えていないと、最初は書きづらいかもしれませんが、まずは考えられるところだけでも書いてみましょう。

記入例	M・A ）さん	記入日 2020 年 ／ 7 月 ／ 20 日

これから どんな関係を一緒に 築いていきたいか？	・上司である私が気づけていないところを、「もっとこうしてみたらどうでしょう？」と気兼ねなく助言してもらえるような関係。 ・あと、こちらからも仕事のことやチームメンバーのことを、相談して意見を言ってもらえるような関係。
相手に 期待していること・ どんなふうに 成長してほしいか？	・「こんな企画をやってみたい！」と遠慮なく提案してくれるようになってほしい。 ・新入社員のAさんのメンター的役割。Aさんの相談にのってあげてほしい。 ・今後エリアリーダーとして、チームをまとめる役割も担っていってほしい。
これからの 関わりを通じて、 相手から言われたら 一番嬉しい一言は何か？	「このチームで働いて、少しずつ仕事も楽しくなったし、自分にも自信が持てるようになってきた」という一言を言われたら、すごく嬉しいかも。
1on1を通じて、 次に一緒に 目指したいこと、 目標は何か？	前からやってみたいと言っていた、社内の新しい商品開発プロジェクトに一緒に参画すること。部署内のミドル層の活性化のために、何か彼と一緒に企画できたらいいな…。

VISION SHEET

( ) さん	記入日　　年／　　月／　　日
これから どんな関係を一緒に 築いていきたいか？	
相手に 期待していること・ どんなふうに 成長してほしいか？	
これからの 関わりを通じて、 相手から言われたら 一番嬉しい一言は何か？	
1on1を通じて、 次に一緒に 目指したいこと、 目標は何か？	

VISION SHEET

( ) さん	記入日　　年／　　月／　　日
これから どんな関係を一緒に 築いていきたいか？	
相手に 期待していること・ どんなふうに 成長してほしいか？	
これからの 関わりを通じて、 相手から言われたら 一番嬉しい一言は何か？	
1on1を通じて、 次に一緒に 目指したいこと、 目標は何か？	

VISION SHEET

( ) さん	記入日　　　年／　　　月／　　　日
これから どんな関係を一緒に 築いていきたいか？	
相手に 期待していること・ どんなふうに 成長してほしいか？	
これからの 関わりを通じて、 相手から言われたら 一番嬉しい一言は何か？	
1on1を通じて、 次に一緒に 目指したいこと、 目標は何か？	

VISION SHEET

( ) さん	記入日　　　年／　　月／　　日
これから どんな関係を一緒に 築いていきたいか？	
相手に 期待していること・ どんなふうに 成長してほしいか？	
これからの 関わりを通じて、 相手から言われたら 一番嬉しい一言は何か？	
1on1を通じて、 次に一緒に 目指したいこと、 目標は何か？	

VISION SHEET

( ) さん	記入日 年／ 月／ 日
これから どんな関係を一緒に 築いていきたいか？	
相手に 期待していること・ どんなふうに 成長してほしいか？	
これからの 関わりを通じて、 相手から言われたら 一番嬉しい一言は何か？	
1on1を通じて、 次に一緒に 目指したいこと、 目標は何か？	

部下のことをどれぐらい知っていますか

コミュニケーションの質を決めるのは「相手への興味」

　部下一人一人とどんな関係を目指していきたいかを思い浮かべてみて、いかがでしたでしょうか？

　それでは、次に考えてみていただきたいのは「今、部下一人一人のことをどれだけ知っているか」ということです。

「最近、休みの日はどんなことをして過ごしているのかな？」
「前職ではどんなことをしてきたのだろう？」
「本人が今一番力を入れている仕事や取り組みは何なのだろう？」
「このところ、何かストレスや悩みは抱えていないだろうか？」

　部下に一人の人間として興味を持ち、どれだけ知ることができているかは、どんな話題でどんな会話をするかにも影響します。

　しかしこの「興味を持っている」「知っている」のレベルには、人それぞれ個人差があります。ここでお伝えしたいのは、ただうわべだけの情報や事柄を知るだけではなく、「相手の奥行きまでも含めて知っているかどうか」ということです。

　以前、ある企業で営業所長の方向けに管理職研修をさせていただ

いた時のことです。「皆さんは、今どれぐらい部下のことを知っていますか?」と、28、29ページにある「PERSONAL SHEET」をお配りして、5名分の部下について記入していただきました。

しかし「あれ?　あいつの出身地どこだっけ?」「前職は何の仕事をしていたと言っていたかな?」と多くの参加者が頭を抱えてペンが全く進まないでいました。そのなかで参加者の中でも最年少と思われる30代前半ぐらいの営業所長が、黙々と書き込み、部下一人一人の「PERSONAL SHEET」をぎっしりと埋めていました。

出身地や細かな家族構成はもちろんのこと、前職での具体的な仕事内容、そして「当時その部下がどんな成果を上げたのか」「どんな悩みを感じ、今の会社に何を期待して転職してきたのか」などが、シートには細かくぎっしりと綴られていました。そして彼は、他の参加者が「5名分も書けない」と悩むなか、一人で部下18名分の「PERSONAL SHEET」を完成させていたのです。

あとで知ったことですが、彼の営業所はその会社の中で最も優れた業績を上げているということがわかりました。離職率も低く、雰囲気も良いので、社内でも人気の営業所とのことでした。部下の多くは彼より年齢も経験も上であるものの、みんなが彼を信頼して一目置いていると知り、その理由を垣間見た思いがしました。

「PERSONAL SHEET」を書いてみて、今部下について知らないことが多くても大丈夫です。実はあまり知らなかったということに気づいてはじめて、「もっと相手のことを知りたい」という興味がわいてくるものです。

記入例

（ M・A ）さん 　　記入日 **2020** 年／ **7** 月／ **23** 日

名前の由来	まっすぐに、徳のある人生を送ってほしいという思いを込めてお父様がつけたらしい。
出身地	兵庫県 神戸市
家族構成 （ペット含む）	奥様/娘(小１)/息子(年中) あと、最近犬を飼い始めたらしい…。
趣味/休日の 過ごし方	昔はバイクが趣味で大型バイクを乗り回していた。 子供が生まれてからはほとんど乗っていない。 最近アウトドアに興味を持って始めたばかり。
前職/学生の頃は どんな仕事・ どんな活動を していたか？	前職は、食品会社H社で7年半の営業の仕事をしていた。 次第に昔ながらの組織体質に合わないと感じるようになり、約6年前に転職。
今の仕事・ 会社を選んだ 理由・経緯	前職と比べて社風も明るく、自由な感じがしたとのこと。ちょうど上のお子さんが生まれた直後で、仕事だけではなく育児の時間を取りたいと思ったことも理由らしい。
大切にしている こと・こだわりは 何か？	・大切にしていること…はちょっとわからない…。 ・「なぜ、それをやるのか」や自分の役割を、きっちりと明確にしてから取り組みたいタイプに見える。

これからの仕事や生き方において、どんな目標を持っているか？	営業での経験を活かしながら、今後は社内の商品開発プロジェクトにも参加していくことが1つ目標とのこと。
最近感じている悩みやストレスは何か？	・最近、新規の顧客開拓が思うように進んでいないこと。 ・同じチームのFさんとの人間関係…かな？
どんな関わりを、あなたに求めていそうか？	・聞いてみないとちょっとわからない…。 ・Fさんの育成には悩んでいて、その相談には乗ってほしいように見える時がある。
今のチームでやりたいのにやれていないこと	今のチームでもう少し親睦が深まるように、前にチームでBBQやりたいと言っていたな…。あとお互いに顧客先の情報が共有しやすいように、今の情報管理方法を変えたいと言っていた。
上司である私のことをどう思っているか？	話しやすい人だとは思ってくれていると思う。こちらからあまり話しかけたりしていないので、静かな上司だなぐらいしか思ってもらえていないかも。

この2つの空欄部分には、自分が相手について考えておきたいと思う問いを、自分で考えて設定して書いてみてください。

PERSONAL SHEET

( ) さん	記入日　　年／　　月／　　日
名前の由来	
出身地	
家族構成 （ペット含む）	
趣味／休日の 過ごし方	
前職／学生の頃は どんな仕事・ どんな活動を していたか？	
今の仕事・ 会社を選んだ 理由・経緯	
大切にしている こと・こだわりは 何か？	

これからの仕事や生き方において、どんな目標を持っているか？	
最近感じている悩みやストレスは何か？	
どんな関わりを、あなたに求めていそうか？	

P E R S O N A L   S H E E T

( ) さん	記入日　　年／　　月／　　日
名前の由来	
出身地	
家族構成 （ペット含む）	
趣味／休日の 過ごし方	
前職／学生の頃は どんな仕事・ どんな活動を していたか？	
今の仕事・ 会社を選んだ 理由・経緯	
大切にしている こと・こだわりは 何か？	

これからの仕事や生き方において、どんな目標を持っているか？	
最近感じている悩みやストレスは何か？	
どんな関わりを、あなたに求めていそうか？	

PERSONAL SHEET

（　　　　　　　　）さん	記入日　　年／　　月／　　日
名前の由来	
出身地	
家族構成 （ペット含む）	
趣味/休日の 過ごし方	
前職/学生の頃は どんな仕事・ どんな活動を していたか？	
今の仕事・ 会社を選んだ 理由・経緯	
大切にしている こと・こだわりは 何か？	

これからの 仕事や生き方に おいて、 どんな目標を 持っているか?	
最近感じている 悩みやストレスは 何か?	
どんな関わりを、 あなたに 求めていそうか?	

| (|) さん | 記入日　　　年／　　月／　　日 |

名前の由来	
出身地	
家族構成 （ペット含む）	
趣味/休日の 過ごし方	
前職/学生の頃は どんな仕事・ どんな活動を していたか？	
今の仕事・ 会社を選んだ 理由・経緯	
大切にしている こと・こだわりは 何か？	

これからの 仕事や生き方に おいて、 どんな目標を 持っているか？	
最近感じている 悩みやストレスは 何か？	
どんな関わりを、 あなたに 求めていそうか？	

| (|) さん | 記入日 | 年／ | 月／ | 日 |

名前の由来	
出身地	
家族構成 （ペット含む）	
趣味／休日の 過ごし方	
前職／学生の頃は どんな仕事・ どんな活動を していたか？	
今の仕事・ 会社を選んだ 理由・経緯	
大切にしている こと・こだわりは 何か？	

これからの 仕事や生き方に おいて、 どんな目標を 持っているか？	
最近感じている 悩みやストレスは 何か？	
どんな関わりを、 あなたに 求めていそうか？	

WEEK 1-2

▌ 3分でも1on1

ここまでで、1on1を始めるのに必要な準備はそろいました。

「部下のこと、知っているようで全然知らなかった」
「部下にどのように成長してほしいか、考えられていなかった」
など、様々な思いを感じる方もいらっしゃるかもしれません。

でも、大丈夫です。これから部下と少しでも意識してコミュニケーションをとることで、もっと知っていければ問題ありません。「どんな関係になりたいか」も、部下と少しずつ共有していければOKです。
　ここでは、部下と会話するうえで、意識していただくとよいポイントを2つだけお伝えします。

　1つ目は「同じ方向を見て話す」ということです。 1対1で会話をする時、人は向かい合わせになりがちです。仮にお互いに座る位置は向かい合わせでも、イメージするとよいのは「横ならび」。もっと言うと **「部下と横並びになって1つのキャンパスに一緒に絵を描**

くような気持ちで、会話してみる」ということです。部下が見つめるものを上司も一緒に見つめて話をする、そんな姿を思い浮かべることで、お互いがよりリラックスして会話しやすくなります。

2つ目は、少しの時間でもコミュニケーションをとることです。「部下のことを考える時間」が少しずつでも取れていれば、とっさの3分ほどの時間でも部下と質の高い会話はできます。

会議の合間の休憩時間や、休憩スペースでコーヒーを一杯飲む時間、デスクに歩きながら向かう時間…。お互いに流れを止めなくても話せる時間はたくさんあるはずです。まずは「頻度」を大切に、小さな会話から信頼関係を作っていくことを意識してみてください。

とはいえ、せっかく話しかけたのにぎこちなくなってしまったり、部下がそっけなかったりと、想定外のこともあると思います。でも、「短い時間だったけれど、部下を思って会話ができた」「普段だったら話しかけないところを、今日は自分から声をかけた」など、その行動を起こせた自分を褒める気持ちは忘れずに！

とにかく最初は「部下のことを考える」「短い時間でも話しかけて会話する」を繰り返すことを楽しみましょう。部下のことを思い、部下のために会話ができたのなら、それは立派な1on1です。

COMMUNICATION SHEET

| ( ) さん | 記入日　　年／　　月／　　日 |

相手の目標

コミュニケーション戦略（関わり方で大切にすること）

	日付		コミュニケーションの内容／相手についての発見／感じたこと
1W ／ ( ) 〜 ／ ( )	／ ( )	準備	
		メモ	
	／ ( )	準備	
		メモ	
2W ／ ( ) 〜 ／ ( )	／ ( )	準備	
		メモ	
	／ ( )	準備	
		メモ	

COMMUNICATION SHEET

( ) さん	記入日	年/	月/	日

相手の目標

コミュニケーション戦略（関わり方で大切にすること）

	日付		コミュニケーションの内容／相手についての発見／感じたこと
1W ／ ( ) ～ ／ ( )	／ ( )	準備	
		メモ	
	／ ( )	準備	
		メモ	
2W ／ ( ) ～ ／ ( )	／ ( )	準備	
		メモ	
	／ ( )	準備	
		メモ	

COMMUNICATION SHEET

| ( ) さん | 記入日　　　年／　　月／　　日 |

相手の目標

コミュニケーション戦略（関わり方で大切にすること）

	日付		コミュニケーションの内容／相手についての発見／感じたこと
1W ／ ( ) ～ ／ ( )	／ ( )	準備	
		メモ	
	／ ( )	準備	
		メモ	
2W ／ ( ) ～ ／ ( )	／ ( )	準備	
		メモ	
	／ ( )	準備	
		メモ	

COMMUNICATION SHEET

（　　　　　　　　）さん	記入日　　年／　　月／　　日

相手の目標

コミュニケーション戦略（関わり方で大切にすること）

	日付		コミュニケーションの内容／相手についての発見／感じたこと
1 W ／ （　） ～ ／ （　）	／ （　）	準備	
		メモ	
	／ （　）	準備	
		メモ	
2 W ／ （　） ～ ／ （　）	／ （　）	準備	
		メモ	
	／ （　）	準備	
		メモ	

COMMUNICATION SHEET

| ( ) さん | 記入日 年／ 月／ 日 |

相手の目標

コミュニケーション戦略（関わり方で大切にすること）

	日付		コミュニケーションの内容／相手についての発見／感じたこと
1 W ／ ( ) 〜 ／ ( )	／ ( )	準備	
		メモ	
	／ ( )	準備	
		メモ	
2 W ／ ( ) 〜 ／ ( )	／ ( )	準備	
		メモ	
	／ ( )	準備	
		メモ	

MEMO

WEEK 3-4

▌言葉の「裏側」を聴く

　先日、ある企業の管理職研修で、参加したＡさんがご自身のエピソードとしてこんな話をしてくださいました。

　部下の一人とミーティングした時のこと。「これだけたくさん仕事があって、毎日忙しすぎる！　もっと早く帰宅できるようになりたい」と相談されました。Ａさんは部下の負担を減らそうと、すぐさまその場で部下の抱えている仕事のいくつかを他のメンバーに割り振ってあげたようです。ところが後日、「せっかく一生懸命やっていた仕事を途中で交代させられた。本当は私が最後まで責任持って担当したかったのに…」と部下が落ち込んでいるという話を耳にして大変困惑したということでした。

　その部下の場合、上司であるＡさんに伝えたかったのは「今頑張っている自分をＡさんに認めてほしい。知っておいてほしい」という「気持ち」だったのかもしれません。しかしＡさんは「毎日忙しすぎる！　もっと早く帰宅できるようになりたい」という部下の「言葉」

だけを受け止め、仕事の負担を減らすよう動いたことで、二人の間に大きなすれ違いが生じてしまったのです。

　このような経験は、職場でも家庭でも、誰もが一度はあることではないでしょうか。

　人が話す「言葉」には、必ずその「裏側」に相手の「気持ち」が隠れています。そして、「言葉」と「気持ち」は必ずしも一致しているわけではなく、時には真逆なほど異なることも少なくありません。

　例えば、仕事でピンチの時に周りから「大丈夫？」と聞かれて、つい「大丈夫です！」と答えた経験、あなたにもありませんか？「周りに心配かけたくない」「大変だけれど自分が何とかしないと」そんな気持ちから、「大丈夫です！」とつい言ってしまった経験、私にも何度もあります。

　上司が部下の話を聴く時は、「言葉」以上に裏側に隠された「気持ち」、すなわち「部下は話しながら、今どんなことを考えているのか」「本当に伝えたい気持ちは何なのか」にこそアンテナを立ててそれを汲み取らねばなりません。そして汲み取った「気持ち」も大切にした言葉を上司が返してあげることで、部下も「自分のことをわかってくれているのだな」という安心感を持つのです。

COMMUNICATION SHEET

| ( ) さん | 記入日 | 年／ | 月／ | 日 |

相手の目標

コミュニケーション戦略（関わり方で大切にすること）

	日付		コミュニケーションの内容／相手についての発見／感じたこと
3 W ／ ( ) 〜 ／ ( )	／ ( )	準備	
		メモ	
	／ ( )	準備	
		メモ	
4 W ／ ( ) 〜 ／ ( )	／ ( )	準備	
		メモ	
	／ ( )	準備	
		メモ	

(　　　　　　　) さん　　　　記入日　　　年／　　　月／　　　日

相手の目標

コミュニケーション戦略（関わり方で大切にすること）

	日付		コミュニケーションの内容／相手についての発見／感じたこと
3 W ／ (　) 〜 ／ (　)	／ (　)	準備	
		メモ	
	／ (　)	準備	
		メモ	
4 W ／ (　) 〜 ／ (　)	／ (　)	準備	
		メモ	
	／ (　)	準備	
		メモ	

COMMUNICATION SHEET

（ 　　　　　　　　　　　 ）さん　　　記入日　　　年／　　月／　　日

相手の目標

コミュニケーション戦略（関わり方で大切にすること）

	日付		コミュニケーションの内容／相手についての発見／感じたこと
3W ／ （　） 〜 ／ （　）	／ （　）	準備	
		メモ	
	／ （　）	準備	
		メモ	
4W ／ （　） 〜 ／ （　）	／ （　）	準備	
		メモ	
	／ （　）	準備	
		メモ	

COMMUNICATION SHEET

| ( ) さん | 記入日 | 年／ | 月／ | 日 |

相手の目標

コミュニケーション戦略（関わり方で大切にすること）

	日付		コミュニケーションの内容／相手についての発見／感じたこと
3 W ／ ( ) ～ ／ ( )	／ ( )	準備	
		メモ	
	／ ( )	準備	
		メモ	
4 W ／ ( ) ～ ／ ( )	／ ( )	準備	
		メモ	
	／ ( )	準備	
		メモ	

COMMUNICATION SHEET

| ( ) さん | 記入日 | 年／ | 月／ | 日 |

相手の目標

コミュニケーション戦略（関わり方で大切にすること）

	日付		コミュニケーションの内容／相手についての発見／感じたこと
3 W ／ ( ) 〜 ／ ( )	／ ( )	準備	
		メモ	
	／ ( )	準備	
		メモ	
4 W ／ ( ) 〜 ／ ( )	／ ( )	準備	
		メモ	
	／ ( )	準備	
		メモ	

言葉以上に部下に影響を与えていること

　私たちは日々、人と接する時2つのコミュニケーションを行って
いると言われています。

　1つ目は「どんな言葉を発するか」という言語コミュニケーショ
ン。2つ目は、**声のトーン・タイミング・表情・振る舞いなど、言
葉以外で相手に発している非言語コミュニケーションです。**
　人に伝わるメッセージの約90％は非言語コミュニケーションとも
言われています。

　しかし、私たちは「どんな言葉を言うか」ばかりを優先して、もっ
と大切であるはずの「自分が今どんな雰囲気や影響を周りに与えて
いるか」を意識できていないことがほとんどです。特に職場では、
上司の非言語コミュニケーションが部下に与える影響はとても大き
いのですが、そのことを上司自身が理解していないことも多くあり
ます。

　上司の非言語コミュニケーションの大切さについて思い出す懐か
しいエピソードがあります。

以前、クライアント企業で役員会議に出席させていただいた時のこと。80歳を過ぎてもなお溌剌としたその会社の会長が、役員陣にお話しされていたことがなかなかユニークでした。

「僕たちはいつも、知らないうちに部下にくさいおならをまき散らして、部下のやる気をなくさせているんだよ。

　おならと言っても本当のおならではなくて、言葉以外に部下に与えているいろんな影響ってこと。どれだけみんなを励まし鼓舞する言葉を言っても、僕たちがどこかイライラしていたり暗い顔をしていたりすると、そっちの方が部下にも、社内全体にも伝わっているんだよ。言葉ではなく、おならとしてね。

　部下は上司のおならをくさいと言いづらい。そんな我慢を部下にさせないために、君たちはいつも自分がどんなおならをしているか、どんな影響を部下に与えているかを、いつも考えるようにしてくれ。私も気を付ける！」

　広い会議室で、大きな声で「おなら」「おなら」と発言していたその会長の会社は、ある業界で日本一のシェアを持つ老舗企業でいらっしゃったのですが、その後全く別の新しい事業分野にも進出し、瞬く間にその分野でも日本一に。

　やはり「おなら」に気をつけているトップのやることはすごい！と、今もその企業のご活躍を聞くたびに思い出しています。

WEEK 5-6

▎口ぐせを見直す

「あなたの職場での口ぐせを3つ以上教えてください」

　この質問にすぐさま3つ以上答えられなかったら、あなたの上司としてのコミュニケーション力には大きな伸びしろがあります。

コミュニケーション力が高い上司とは、「自分がこれを言ったら、部下はこう感じるだろうな」と、事前に自分の発言が部下に与える影響を正しくイメージできる人とも言えます。特に、口ぐせは使う頻度が高いので、周りにも大きな影響を与えます。

　例えば、頻繁に「忙しい」と言っている方はいませんか？「忙しい」が口ぐせの場合、「自分は忙しくて時間がないから、大した用事ではない限り、自分に話しかけてこないでね」という気持ちが無意識のうちに言葉の奥に隠れています。しかし、その口ぐせを聞かされる部下はどのように感じるでしょうか。せっかく上司に相談したのに、もうその後相談する気持ちも消えてしまうでしょう。

無意識に発せられる上司の口ぐせが、組織内のコミュニケーショ

ンを停滞させ、組織そのもののパフォーマンスを低下させてしまう可能性すらあるのです。

　しかし残念ながら、多くの上司は自分がどんな口ぐせを言っているのか、全く気づいていません。一方で、周りの部下は、しっかりと上司の口ぐせを見抜いているものです。

　先日も企業研修にお伺いした際に、参加していた一人の上司の方が「私にはよく使っている口ぐせは特にないと思います」とおっしゃっていました。「では一度部下の方にも聞いてみてください」とお願いし、戻ってすぐに複数の部下に尋ねたところ、「部長は1日に『要するに』って30回は言っていますよね。『要するに』って言われるたびに、早く自分の意見をまとめろと急かされているように感じて、正直話しづらいです」と言われてしまったとのことでした。

　とはいえ、口ぐせは簡単にはやめることができません。
　ちなみに私がよく使う口ぐせは「なるほど」。部下に「偉そうに聞こえる」と言われて以来やめようと思っているのですが、つい口を出してしまうことがしばしばです。使うたびに自分が一番ハッとしているので、その時点でかなり意識もできるようになってきたのかもしれません。長い目で少しずつでも減らす努力をすることで、部下がより話しやすくなってくれたらなと思っています。

COMMUNICATION SHEET

| (|) さん | | 記入日 | 年 / 月 / 日 |

相手の目標

コミュニケーション戦略（関わり方で大切にすること）

	日付		コミュニケーションの内容／相手についての発見／感じたこと
5 W ／ ( ) 〜 ／ ( )	／ ( ) ／ ( )	準備	
		メモ	
		準備	
		メモ	
6 W ／ ( ) 〜 ／ ( )	／ ( ) ／ ( )	準備	
		メモ	
		準備	
		メモ	

COMMUNICATION SHEET

| （　　　　　　　　　）さん | 記入日　　年／　　月／　　日 |

相手の目標

コミュニケーション戦略（関わり方で大切にすること）

	日付		コミュニケーションの内容／相手についての発見／感じたこと
5 W ／ （　　） ～ ／ （　　）	／ （　　）	準備	
		メモ	
	／ （　　）	準備	
		メモ	
6 W ／ （　　） ～ ／ （　　）	／ （　　）	準備	
		メモ	
	／ （　　）	準備	
		メモ	

COMMUNICATION SHEET

| (   ) さん | 記入日 | 年／ | 月／ | 日 |

相手の目標

コミュニケーション戦略（関わり方で大切にすること）

	日付		コミュニケーションの内容／相手についての発見／感じたこと
5 W ／ ( ) ～ ／ ( )	／ ( )	準備	
		メモ	
	／ ( )	準備	
		メモ	
6 W ／ ( ) ～ ／ ( )	／ ( )	準備	
		メモ	
	／ ( )	準備	
		メモ	

COMMUNICATION SHEET

| (　　　　　　　　) さん | 記入日 | 年／ | 月／ | 日 |

相手の目標

コミュニケーション戦略（関わり方で大切にすること）

	日付		コミュニケーションの内容／相手についての発見／感じたこと
5W ／ （　　） ～ ／ （　　）	／ （　　）	準備	
		メモ	
	／ （　　）	準備	
		メモ	
6W ／ （　　） ～ ／ （　　）	／ （　　）	準備	
		メモ	
	／ （　　）	準備	
		メモ	

( ) さん	記入日	年／	月／	日

相手の目標

コミュニケーション戦略（関わり方で大切にすること）

	日付		コミュニケーションの内容／相手についての発見／感じたこと
5 W ／ ( ) 〜 ／ ( )	／ ( ) ／ ( )	準備	
		メモ	
		準備	
		メモ	
6 W ／ ( ) 〜 ／ ( )	／ ( ) ／ ( )	準備	
		メモ	
		準備	
		メモ	

MEMO

WEEK 7-8

■ 1on1を失敗させるのは、あなたの「目」

　部下と上手くコミュニケーションをとっていくには、**「部下が自分のことをどう見ているのか」を上司が正しく見極める「目」を持っておくことが必要です。**

　以前、1on1の導入サポートをさせていただいたクライアント企業にＫさんというマネージャーがいらっしゃいました。部下全員の日報に毎日返信を欠かさないという、部下の育成にも熱心なマネージャーでおられましたが、ある時「一生懸命一人一人と面談しているのですが、どうも部下の反応が悪い。みんな全然話してくれません」と相談をいただきました。そのため後日Ｋさんの部下の方々に、私からヒアリングさせていただくと、部下の方々からそろって返ってきたのはこんな答えでした。

　「Ｋさんに相談しても、すぐわかっちゃうんですよ。きっとこんなこと言ったら、こう言われちゃうのだろうなって…」

　部下の方々によると、Ｋさんは毎日の部下の日報にも「やればで

きる、何事も！！！」と必ず全員に書き添えて返信し、困っている部下がいれば親身に励まし、その熱心さは一貫していました。熱心なＫさんの日々の言動は、部下に尊敬の念を抱かせる一方、「Ｋさんに何か悩みを相談しても、きっとポジティブにしか返してもらえないだろう」とも思わせてしまっていたのです。

「そんなの、勝手に思い込んでしまっているのは部下側の問題で、上司の側としてはどうしようもないじゃないか！」そう思われる方もいるかもしれません。しかし、そう部下に思わせてしまっているのは、上司の日々の言動であり、そこに原因があるのです。

　上司には「自分の日々の言動は、部下にどう思わせているのか」「自分は部下にどう見られているか」をしっかりと見極める「目」が必要です。ここがずれていると上司が良かれと思ってした言動も、すべて部下には違った捉え方をされてしまいかねません。

　部下に「きっとこうなんだろうな」と自分のことを偏ってジャッジさせることのないように、自分の見せ方を調整していくバランス感覚が上司には求められます。

　先述のＫさんもその後「行き過ぎたポジティブ上司にならないように時々ボリュームを押さえています（笑）」とおっしゃっていましたが、そんな調整ができる視野の広さと余裕を上司は常に持ちたいですね。

COMMUNICATION SHEET

(　　　　　　　　) さん	記入日 　　年／　　月／　　日

相手の目標

コミュニケーション戦略（関わり方で大切にすること）

	日付		コミュニケーションの内容／相手についての発見／感じたこと
7 W ／ (　　) 〜 ／ (　　)	／ (　　)	準備	
		メモ	
	／ (　　)	準備	
		メモ	
8 W ／ (　　) 〜 ／ (　　)	／ (　　)	準備	
		メモ	
	／ (　　)	準備	
		メモ	

COMMUNICATION SHEET

| ( ) さん | 記入日　　年／　　月／　　日 |

相手の目標

コミュニケーション戦略（関わり方で大切にすること）

	日付		コミュニケーションの内容／相手についての発見／感じたこと
7 W ／ （　） 〜 ／ （　）	／ （　）	準備	
		メモ	
	／ （　）	準備	
		メモ	
8 W ／ （　） 〜 ／ （　）	／ （　）	準備	
		メモ	
	／ （　）	準備	
		メモ	

COMMUNICATION SHEET

( ) さん	記入日 年／ 月／ 日

相手の目標

コミュニケーション戦略（関わり方で大切にすること）

	日付		コミュニケーションの内容／相手についての発見／感じたこと
7 W　／　（　）　／　（　）　〜　／　（　）	／（　）	準備	
		メモ	
	／（　）	準備	
		メモ	
8 W　／　（　）　／　（　）　〜　／　（　）	／（　）	準備	
		メモ	
	／（　）	準備	
		メモ	

COMMUNICATION SHEET

| ( ) さん | 記入日 | 年/ | 月/ | 日 |

相手の目標

コミュニケーション戦略（関わり方で大切にすること）

	日付		コミュニケーションの内容／相手についての発見／感じたこと
7 W / ( ) ~ / ( )	/ ( ) / ( )	準備	
		メモ	
		準備	
		メモ	
8 W / ( ) ~ / ( )	/ ( ) / ( )	準備	
		メモ	
		準備	
		メモ	

COMMUNICATION SHEET

| ( ) さん | 記入日 | 年／ | 月／ | 日 |

相手の目標

コミュニケーション戦略（関わり方で大切にすること）

	日付		コミュニケーションの内容／相手についての発見／感じたこと
7 W ／ （　） ～ ／ （　）	／ （　）	準備	
		メモ	
	／ （　）	準備	
		メモ	
8 W ／ （　） ～ ／ （　）	／ （　）	準備	
		メモ	
	／ （　）	準備	
		メモ	

MEMO

なぜか嫌われる上司が
知っておきたい３つのポイント

　部下とより良い関係を築くには、部下に嫌われるやめるべきことを理解することが必要です。

　ここでは、クライアント先で部下の方たちがよく話している、嫌われる上司の傾向から見た「上司が今すぐやめた方がいい３つのポイント」をお伝えします。

1 | 25秒以上話さない

「うちの上司はとにかく話が長い」こんな声をもらす部下は多いですが、当の上司にその自覚はほとんどありません。

　上司が部下と話す時に、１つ意識してほしいのは**「25秒以上話さない」ということです。**上司に相づちを打つ間も与えられないペースで延々と話されるのは、部下にとって迷惑です。25秒に1回ぐらいの目安で、聞く側の部下が入れる隙となる「間」を作ることで、一方的ではない双方向の会話にすることができます。

2 | わかっていないのに「わかるよ」と言わない

部下が話をした後に「わかるよ」と言った経験、上司であれば誰

にでもあるのではないでしょうか。

　しかし上司が言う「わかるよ」は、部下に「上司も私の気持ちに共感してくれた」という安心感を与える時もあれば、「同じ経験を上司もしているわけではないのに、わかるわけがないだろう」と不信感を感じさせることもあります。

　同じ言葉でも、その時の相手の状況やお互いの関係性によって、受け取り方も１つではないということを知り、上手く使い分けていきましょう。私も以前部下の話を聞く度に、「わかるよ」を連発していました。ある時「森さんに私の気持ちなんてわかるわけがないでしょう！」と部下を怒らせてしまって以来、反省して「何となくわかるような気がするよ」と断定をしない返し方を心掛けています。

3 | 話をかぶせない

　部下がまだ話し終わっていないのに、上司がかぶせるように話し返すのは十中八九、部下に嫌われます。

　当たり前ですが部下の話は最後まで聞くこと。そして部下の話を聞いて上司が話し返す時には、「1.5秒の間をあける」ことを意識してみてください。通常よりもほんの少し多めにとる間が「私はあなたの話をちゃんと聞いて返しているよ」という安心感を部下に与えます。

WEEK 9-10

■ 部下が考えたくなる質問力

　1on1では上司から部下への質問が大切だと、ビジネス書やネット上で部下のやる気を引き出す質問例や会話例を最近よく見かけます。確かに上司の質問は、時に部下をハッとさせ、その成長に大きな影響を与えますが、一方で多くの部下は上司からあれこれ質問されることを鬱陶しく思っています。特に、部下を疲れさせるような誘導質問や、部下もとっくに考えているだろう質問を上司が繰り返すのは、無駄に部下の時間を奪うだけです。

　せっかく部下のために質問するのであれば、できるだけシンプルに、部下が一人ではたどりつけなかったような気づきや感情を見つけられる、そんな質問を上司は目指したいものです。

　部下に無駄のない効果的な質問をするために、上司が知っておきたい２つのポイントがあります。

　1つ目は、原因追求の質問よりも、部下の視点を「未来」に向けるような質問をするということです。例えば、何か部下がミスをし

た時に「なぜあんなミスをしたの？」と過去にベクトルを向けた質問ではなく、「今回のミスを踏まえて、今後同様のことが起こらないように、次回必ず気を付けるべきことは何だと思う？」と未来にベクトルを向けた質問を意識するということです。ミスの原因や状況を整理して問題解決をすることも状況によっては必要です。しかし**上司が絶対に忘れてはいけないのは、目の前の問題をどう解決するか以上に「どんな未来・どんな目標を目指しているか」を部下にも決して忘れさせず、ぶれないようにすることです。**

　2つ目は、部下の本気度が高くない段階で、無理に部下の行動を引き出そうとするような質問はしないということです。部下がその目標に完全にコミットできる心の状態になっていない限り、行動を引き出そうとする質問はすればするほど逆効果です。

　例えば、ただ何となく「3キロ痩せたい」と周囲に言った時「どんな方法で？」「いつまでに？」と矢継ぎ早に聞かれて、ダイエットしたい気持ちが冷めてしまった経験はありませんか？

　どんなに鋭い、的を射た質問を投げかけても、それを相手が考えられる心の状態になければ、その質問は逆効果で相手のやる気を奪うだけです。いつも部下の心の温度を推測しながら、自分が投げかける質問で部下の感情がどう変わるかを想像し、質問を選択していくことが大切です。

COMMUNICATION SHEET

| ( ) さん | 記入日 | 年／ | 月／ | 日 |

相手の目標

コミュニケーション戦略（関わり方で大切にすること）

	日付		コミュニケーションの内容／相手についての発見／感じたこと
9 W ／ ( ) 〜 ／ ( )	／ ( )	準備	
		メモ	
	／ ( )	準備	
		メモ	
10 W ／ ( ) 〜 ／ ( )	／ ( )	準備	
		メモ	
	／ ( )	準備	
		メモ	

COMMUNICATION SHEET

| (|) さん | 記入日 | 年／ | 月／ | 日 |

相手の目標

コミュニケーション戦略（関わり方で大切にすること）

	日付		コミュニケーションの内容／相手についての発見／感じたこと
9 W ／ （　） 〜 ／ （　）	／ （　）	準備	
		メモ	
	／ （　）	準備	
		メモ	
10 W ／ （　） 〜 ／ （　）	／ （　）	準備	
		メモ	
	／ （　）	準備	
		メモ	

COMMUNICATION SHEET

| (|) さん | 記入日 | 年／ | 月／ | 日 |

相手の目標

コミュニケーション戦略（関わり方で大切にすること）

	日付		コミュニケーションの内容／相手についての発見／感じたこと
9 W ／ ( ) ～ ( )	／ ( )	準備	
		メモ	
	／ ( )	準備	
		メモ	
10 W ／ ( ) ～ ( )	／ ( )	準備	
		メモ	
	／ ( )	準備	
		メモ	

COMMUNICATION SHEET

| ( ) さん | 記入日 年／ 月／ 日 |

相手の目標

コミュニケーション戦略（関わり方で大切にすること）

	日付		コミュニケーションの内容／相手についての発見／感じたこと
9 W ／ ( ) ～ ／ ( )	／ ( )	準備	
		メモ	
	／ ( )	準備	
		メモ	
10 W ／ ( ) ～ ／ ( )	／ ( )	準備	
		メモ	
	／ ( )	準備	
		メモ	

COMMUNICATION SHEET

| ( ) さん | 記入日 年／ 月／ 日 |

相手の目標

コミュニケーション戦略（関わり方で大切にすること）

	日付		コミュニケーションの内容／相手についての発見／感じたこと
9 W ／ ( ) ～ ／ ( )	／ ( )	準備	
		メモ	
	／ ( )	準備	
		メモ	
10W ／ ( ) ～ ／ ( )	／ ( )	準備	
		メモ	
	／ ( )	準備	
		メモ	

M E M O

WEEK 11-12

■ アドバイスを求められた時の㊙対策

「上司が部下にアドバイスばかりすることは、部下のどんな可能性を奪ってしまっていると思いますか?」

　上司が必要以上にアドバイスすることは、部下が自ら考え、成長する機会を奪ってしまっていることを、企業研修などで口酸っぱくお伝えしても、それでも多くの上司はアドバイスをやめられません。

　まだ部下が異動してきたばかりで細かく指示をしないといけない時や、スピードが求められる緊急時などは、上司が的確にアドバイスをしていくことが必要です。しかし、求められたらすぐに容易にアドバイスを与えてしまうことが、どれだけ部下の今後にとって酷なことか、そのことも上司は理解しておく必要があります。

　今や誰かのアドバイスがないと動けない主体性のない人材には、会社も社会も大変厳しい評価をせざるを得ない時代となってしまいました。自分で考え、行動する力を持たない人材は生き残れないと、上司も厳しい愛情を持って、部下に接さねばなりません。

とはいえ、いくら上司がそう思っても、部下がアドバイスを求めたくなることは当然です。そんな時は「あなたはどう思う？」と返してあげることも１つですが、もう１つお勧めしたい返し方があります。それは、「私も知らないよ」と答えてあげることです。

　とても思い出深い私の上司に、新入社員として配属されたチームの３歳年上の女性上司がいます。当時営業部門でトップセールスの実績を持つ方でした。配属早々「私もそうなりたいので、どうしたらいいか教えてください！」と頼み込んだところ、その上司からの返事は一言、「私も知らないよ」。何度訴えても答えは変わらず、あきらめて私はその上司について回り、上司は何を考え行動しているか、徹底的に考え真似することで学ぶようになりました。

　20年以上たった今でも時々その上司を思い出し「本当に何も教えてくれなかったな（笑）」と思うのですが、「まずは自分でとことん考え、やってみる」というビジネスパーソンとして最も大切なことを教えてくれていたのだと、上司の思いに感謝しています。

　一見冷たいようにも感じる関わりが、実は長い目で見ると部下の成長を促します。アドバイスを断られた部下が、その後どのように自力で考え行動するのかを見守る優しさこそ、上司はいつも持ち続けたいものです。

COMMUNICATION SHEET

| (|) さん | 記入日 | 年／ | 月／ | 日 |

相手の目標

コミュニケーション戦略（関わり方で大切にすること）

	日付		コミュニケーションの内容／相手についての発見／感じたこと
11W ／ （　） 〜 ／ （　）	／ （　）	準備	
		メモ	
	／ （　）	準備	
		メモ	
12W ／ （　） 〜 ／ （　）	／ （　）	準備	
		メモ	
	／ （　）	準備	
		メモ	

(	) さん	記入日	年／	月／	日

相手の目標

コミュニケーション戦略（関わり方で大切にすること）

	日付		コミュニケーションの内容／相手についての発見／感じたこと
11W ／ ( ) ～ ／ ( )	／ ( )	準備	
		メモ	
	／ ( )	準備	
		メモ	
12W ／ ( ) ～ ／ ( )	／ ( )	準備	
		メモ	
	／ ( )	準備	
		メモ	

COMMUNICATION SHEET

| ( ) さん | 記入日 | 年／ | 月／ | 日 |

相手の目標

コミュニケーション戦略（関わり方で大切にすること）

	日付		コミュニケーションの内容／相手についての発見／感じたこと
11W ／ ( ) 〜 ／ ( )	／ ( )	準備	
		メモ	
	／ ( )	準備	
		メモ	
12W ／ ( ) 〜 ／ ( )	／ ( )	準備	
		メモ	
	／ ( )	準備	
		メモ	

COMMUNICATION SHEET

| ( ) さん | 記入日 | 年／ | 月／ | 日 |

相手の目標

コミュニケーション戦略（関わり方で大切にすること）

	日付		コミュニケーションの内容／相手についての発見／感じたこと
11W ／ （ ） 〜 ／ （ ）	／ （ ）	準備	
		メモ	
	／ （ ）	準備	
		メモ	
12W ／ （ ） 〜 ／ （ ）	／ （ ）	準備	
		メモ	
	／ （ ）	準備	
		メモ	

COMMUNICATION SHEET

| (　　　　　　　)さん | 記入日 | 年／ | 月／ | 日 |

相手の目標

コミュニケーション戦略（関わり方で大切にすること）

	日付		コミュニケーションの内容／相手についての発見／感じたこと
11W ／ (　) 〜 ／ (　)	／ (　)	準備	
		メモ	
	／ (　)	準備	
		メモ	
12W ／ (　) 〜 ／ (　)	／ (　)	準備	
		メモ	
	／ (　)	準備	
		メモ	

MEMO

リモートワーク時代の
コミュニケーションの流儀

　日本においても急激にリモートワークの普及が進みました。一気に商談や会議もオンライン化され、「対面と全く変わらなくて快適！」という声を聞く一方で、「便利だけど、オンライン上のコミュニケーションは気を遣うし、何となくストレスがある」という声も聞かれます。

　私たちは対面の場合は、同じ空間を相手と共にすることで、言葉だけではない相手の「空気感」を汲み取りながらコミュニケーションをとっています。しかし**オンラインでは、その「空気感」を読み取ることが奪われてしまっていることを認識して、それらを「補う」視点を持ったコミュニケーションが求められています。**

　ここではそのための2つの流儀をお伝えします。

　1つ目は、**目でわかるように「聴く」を2割増しにすることです。**

　リモートワーク中のミーティングや面談でも、相手の話を聴くことが信頼関係を築く上で大切であることに変わりはありません。対面では自然と感じ取れる聴き手の表情やうなずきも、オンラインの画面を通じてだと話し手に見えづらいので、「聴く」をアクション

として見せていかないと、話し手には「聴いてくれているな」が伝わりづらいのです。例えば、画面越しにもわかるように少し大きめにうなずくとか、聴きながら笑う時にも多少歯が見えるようにしながら笑うなど、2割増しの姿勢が相手にも安心感として伝わります。

　2つ目は、**メールやチャットだけでは、伝えたいことの半分程度しか伝わらない」**ということをあらかじめ認識しておくということです。

　リモートワークでは、仕事の指示や依頼もメールやチャットで行うことが多く、便利な一方、問題も起きてきていることを耳にします。例えば「リモートワーク中に突然上司から『○○の案件、お願いします』と一言仕事の依頼が来た。でも一体どういう意図なのか理解するのにすごく悶々とした…」といった話です。

　同じ空間に一緒にいる「空気感」では感じられた、相手の状況やどんな理由でこの仕事を自分にお願いしてくれているかなどは、リモートでは推察することができません。そのため、自分が発したメッセージが思わぬ捉え方をされるリスクも高くなっています。
　相手に伝わらないであろう部分を予測し、それをわかった上でコミュニケーションをとること。そして、相手に安心感を与えることが、今や持つべき流儀になってきているのかもしれません。

WEEK 13-14

褒めるなら、見えない〇〇を褒めろ

「褒める」ことは、相手のパフォーマンスや意欲を高める効果的な方法であることに間違いありません。しかし、職場において多くの上司は、部下の「できたこと」「成果」にばかり目が行き、部下への褒め方もつい偏ってしまいがちです。実際に職場でよく耳にするのは「すごいね」「さすが」など、部下を評価する褒め言葉が多いように感じます。もちろん、そのような褒め方が決して悪いわけではありません。ですが、部下によりその気持ちを伝えるという意味では更に工夫するとよいポイントがあります。それは、**成果や目に見える努力だけではない、部下の「見えない努力」を褒めるということです。**

　以前私が、全国から社員が一斉に集まるイベントの幹事を任された時のことです。直前まで準備に追われるなかで、「せっかくみんなが集まるのだから、全員に名札があった方が名前も顔もわかって交流がスムーズになるかもしれない」とふと思いつき、慌てて数十人分の名札を準備したことがありました。夜会社で一人、全員の名前

を名札に書きながら「明日○○さんは九州から朝一番の飛行機で来てくれるのだな」とか「□□さんは、入社して初めてのイベントだけど楽しんでくれるといいな」と一人一人を思い浮かべていました。

そして、翌日無事イベントが終了しみんなが帰るのを見送り返却された名札を眺めながら、上司が一言こんな言葉をかけてくれました。「ここに1つ1つ丁寧に書かれた名札を見ていると、森さんがみんなのためにどんな気持ちで今日の準備をしてきてくれたのかを感じるよ」

仕事では、どんなに努力をしても、明確な結果が出るには時間がかかることもたくさんあります。また、数字などでは成果が見えにくい仕事を担い、一生懸命取り組んでくれている部下もたくさんいます。

上司が、目に見えるわかりやすい結果や成果ばかりに目を向けていると、その過程での部下の小さな成長や変化を見逃してしまっているかもしれません。また、その仕事に部下がどんな思いを持って取り組んでいるかにも気づかないままかもしれません。

決してアピールされることのない部下の心の内までにも想像をめぐらせ、見えない努力を褒めることは、何十回「すごいね」と言われることより、ずっと部下の心に残る最高の褒め言葉なのではないかと、私は思います。

COMMUNICATION SHEET

| （ 　　　　　　　　 ）さん | 記入日 | 年／ | 月／ | 日 |

相手の目標

コミュニケーション戦略（関わり方で大切にすること）

	日付		コミュニケーションの内容／相手についての発見／感じたこと
13W ／ （　　） 〜 ／ （　　）	／ （　　）	準備	
		メモ	
	／ （　　）	準備	
		メモ	
14W ／ （　　） 〜 ／ （　　）	／ （　　）	準備	
		メモ	
	／ （　　）	準備	
		メモ	

COMMUNICATION SHEET

| (|) さん | 記入日 | 年／ | 月／ | 日 |

相手の目標

コミュニケーション戦略（関わり方で大切にすること）

	日付		コミュニケーションの内容／相手についての発見／感じたこと
13W ／ （　） 〜 ／ （　）	／ （　）	準備	
		メモ	
	／ （　）	準備	
		メモ	
14W ／ （　） 〜 ／ （　）	／ （　）	準備	
		メモ	
	／ （　）	準備	
		メモ	

COMMUNICATION SHEET

| (|)さん | 記入日 | 年／ | 月／ | 日 |

相手の目標

コミュニケーション戦略（関わり方で大切にすること）

	日付		コミュニケーションの内容／相手についての発見／感じたこと
13W ／ （　） ～ ／ （　）	／ （　） ／ （　）	準備	
		メモ	
		準備	
		メモ	
14W ／ （　） ～ ／ （　）	／ （　） ／ （　）	準備	
		メモ	
		準備	
		メモ	

COMMUNICATION SHEET

| (|) さん | 記入日　　年／　　月／　　日 |

相手の目標

コミュニケーション戦略（関わり方で大切にすること）

	日付		コミュニケーションの内容／相手についての発見／感じたこと
13W　／　（　）　／　（　）　〜　／　（　）	／（　）	準備	
		メモ	
	／（　）	準備	
		メモ	
14W　／　（　）　／　（　）　〜　／　（　）	／（　）	準備	
		メモ	
	／（　）	準備	
		メモ	

COMMUNICATION SHEET

| ( ) さん | 記入日 年／ 月／ 日 |

相手の目標

コミュニケーション戦略（関わり方で大切にすること）

	日付		コミュニケーションの内容／相手についての発見／感じたこと
13W ／ ( ) 〜 ／ ( )	／ ( )	準備	
		メモ	
	／ ( )	準備	
		メモ	
14W ／ ( ) 〜 ／ ( )	／ ( )	準備	
		メモ	
	／ ( )	準備	
		メモ	

MEMO

WEEK 15-16

■ 相談にのるより、相談しろ

コーチングスキルの中に、「承認」というスキルがあります。「承認」とは「あなたの存在は大切ですよ」というメッセージを様々なかたちで伝えることなのですが、その中に「究極の承認」と呼ばれるものがあります。それは「相談する」こと。

職場でいうと、上司が部下に「相談する」ということです。

これを企業研修で管理職の皆様にお伝えすると、多くの方が「確かに、自分も誰かに相談されると、自分が認められているんだなと感じてすごく嬉しいです。早速これから自分も部下にたくさん相談するようにします！」と言われるのですが、その後実際に部下に相談するようになったという人は、意外とわずかです。

では、部下に相談することが、部下への「究極の承認」だとわかっていても、多くの上司が相談できない理由は何なのでしょうか？

理由は様々あると思いますが、私が感じる大きな理由は、**「自分の方が部下よりも経験も知識も上で、どうしたらいいか自分が一番わ**

かっている」とか「部下に相談するなんて、上司として恥ずかしい」と思い込んでいる上司がまだまだ多くいることです。

　そんな気持ちを上司が持つのは決して理解できないことではありません。なぜなら、これまでは上司が「こうしたら上手くいく」と成功パターンや解決策を知っていて、それをトップダウンで指示することが常識だったからです。

　でも、大きく変わるビジネス環境の中で、今や部下と同じように上司も答えを見つけだしていくことは容易ではなくなりました。むしろ、「上司である自分が一番わかっている」と思い込んでしまっていることの方がリスクであり、わかっていないことは決して恥ではなく当たり前です。

　「自分にはない視点やアイディアを、部下なら持っているかもしれない」と、どんどん積極的に部下に相談できることが今の時代の上司には必要です。上下関係を横に置き、必死に部下から学ぼうという上司の姿が部下の心を動かし、「この上司と一緒に頑張りたい」という思いを感じさせることにも繋がります。

　上司であるあなたからの相談は、部下に「自分のことを認めてくれている」という安心感と共に、その部下の隠れた才能や能力を引き出すきっかけになるかもしれません。

COMMUNICATION SHEET

| (　　　　　　　) さん | 記入日 　　年／　　月／　　日 |

相手の目標

コミュニケーション戦略（関わり方で大切にすること）

	日付		コミュニケーションの内容／相手についての発見／感じたこと
15W ／ ( ) 〜 ／ ( )	／ ( )	準備	
		メモ	
	／ ( )	準備	
		メモ	
16W ／ ( ) 〜 ／ ( )	／ ( )	準備	
		メモ	
	／ ( )	準備	
		メモ	

| (   ) さん | | 記入日　　年／　　月／　　日 |

相手の目標

コミュニケーション戦略（関わり方で大切にすること）

	日付		コミュニケーションの内容／相手についての発見／感じたこと
15W / ( ) ／ ( ) ~ ／ ( )	／ ( )	準備	
		メモ	
	／ ( )	準備	
		メモ	
16W / ( ) ／ ( ) ~ ／ ( )	／ ( )	準備	
		メモ	
	／ ( )	準備	
		メモ	

COMMUNICATION SHEET

| (   ) さん | 記入日 | 年／ | 月／ | 日 |

相手の目標

コミュニケーション戦略（関わり方で大切にすること）

	日付		コミュニケーションの内容／相手についての発見／感じたこと
15 W ／ ( ) ～ ／ ( )	／ ( )	準備	
		メモ	
	／ ( )	準備	
		メモ	
16 W ／ ( ) ～ ／ ( )	／ ( )	準備	
		メモ	
	／ ( )	準備	
		メモ	

COMMUNICATION SHEET

| ( ) さん | 記入日 | 年／ | 月／ | 日 |

相手の目標

コミュニケーション戦略（関わり方で大切にすること）

	日付		コミュニケーションの内容／相手についての発見／感じたこと
15W ／ （ ） 〜 ／ （ ）	／ （ ）	準備	
		メモ	
	／ （ ）	準備	
		メモ	
16W ／ （ ） 〜 ／ （ ）	／ （ ）	準備	
		メモ	
	／ （ ）	準備	
		メモ	

COMMUNICATION SHEET

| ( ) さん | 記入日 | 年／ | 月／ | 日 |

相手の目標

コミュニケーション戦略（関わり方で大切にすること）

	日付		コミュニケーションの内容／相手についての発見／感じたこと
15W ／ ( ) 〜 ／ ( )	／ ( )	準備	
		メモ	
	／ ( )	準備	
		メモ	
16W ／ ( ) 〜 ／ ( )	／ ( )	準備	
		メモ	
	／ ( )	準備	
		メモ	

COLUMN

「孤独」が職場にもたらす怖い影響

近年、「孤独」が1つのキーワードとして注目されています。

イギリスでは、「『孤独』がイギリス国家に年間4.9兆円もの国家損失を与えている」として、2018年に「孤独担当大臣」が閣僚の新たなポストとして設置されたことは有名です。

孤独を感じる人はストレスを感じる傾向が高く、心疾患やうつなど心の問題を抱えやすいと言われています。

また、社会においては虐待や犯罪の要因として孤独のもたらす影響は大きいと言われ、企業においては孤独感を感じる社員の割合が高いと業績も上がりにくいといった研究結果も、最近は多く目にするようになりました。

一言で「孤独」といっても、物理的に一人でいるということではなく、精神的な孤独感こそが私たちのモチベーションに大きな影響を与えています。また、**「孤独は伝染する」とも言われており、職場で孤独感を感じる社員をなくすことは、組織全体のパフォーマンスを上げていくうえでも重要なテーマです。**

最近では「自分の話を聴いてもらう」という機会を通じて、社員の孤独感をなくしたいという思いから、1on1を導入する企業も少なくありません。

　そのようななか、比較的目が向けられづらいのは管理職の方々の孤独です。部下を持ちチームを率いる上で様々な悩みを抱えているものの、部下一人一人への対応を優先するあまり、自分の孤独感へのケアをないがしろにしている方も少なくありません。
　その結果、管理職の方が突然バーンアウト（燃え尽き症候群）してしまうことも珍しくありません。組織は管理職も一人ぼっちにさせないこと、そして、管理職の方々は自らがより意識的に自分のケアをする姿勢を持つことが大切です。

　管理職の方々が自分自身をケアする１つの方法として、「社外のコーチに話してみる」というのもよいと思います。チームのマネジメントやプライベートな問題など、上司にも部下にも話せないような悩みの１つや２つは必ずあるかと思います。それを守秘義務のあるコーチにしっかり聴いてもらうことで心が軽くなったり、視点が変わったりします。最近はコーチも気軽に探せる時代ですので、ぜひ一度試してみてください。

WEEK 17-18

▌部下に気を遣わせない秘訣

　先日、クライアント企業のマネージャーのYさんが、1on1を続けてようやく部下とも打ち解けてきて、一人の部下からこんな言葉を言われたようです。

「Yさんはどんな時でもストイックなので、なかなか本音が言いづらかったです。でも最近やっと言えるようになって嬉しいです」

　その言葉を聞いてYさんはハッとしたそうです。

「どんな状況でも自分に厳しく！」というのはYさんが初めてマネージャーになって以来、ずっと大切にしてきた信念です。この信念は、数々のピンチの時もYさんを奮い立たせてくれたお守りのような存在でもありました。しかし、自分が信念を大切にするあまり、部下に気を遣わせ、本音を言いづらくさせていたのです。

　部下に気を遣わせない秘訣は、上司が部下の前で完璧であろうとしないことです。

「いつもストイックであらねばならない」「ポジティブでいなければ

いけない」と不自然に自分を奮い立たせている上司のもとでは、部下は本音も話せず、居心地の悪さを感じてしまいます。

　部下に気を遣わせないためにも、上司は時にぶれるのを恐れずに自然体でいることが大切です。目指す目標やビジョンに対してぶれるのではなく、上司とはいえ日々未熟な自分とたたかっているという、そのままの自然体をできるだけ隠さないということです。

　ところが、こんな話をすると「上司が自ら自分の「弱み」を部下に露呈するみたいで抵抗がある…」とおっしゃる方もいらっしゃいます。しかし、**上司の「弱み」は時に部下を輝かせる武器にもなります。上司に「弱み」があるから部下も安心し、そしてそれを補うために「自分が頑張ろう」と思ってくれたりするものです。**

　かつてお世話になった私の上司の一人は、何かピンチになるとすぐに「もうダメだ…」と言うのが癖でした。いつもは「決めた目標は最後まであきらめるな！」としつこいほど言う上司が、ピンチになるたびとても打たれ弱く、そう言って沈んでいる姿を見ると、内心ほっとしたものです。そして「では、ここは私が何とかしなくては！」と妙に私が奮い立って頑張れたおかげでたくさんの成長ができたなと、今もその上司に感謝しています。

COMMUNICATION SHEET

| ( ) さん | 記入日 | 年／ | 月／ | 日 |

相手の目標

コミュニケーション戦略（関わり方で大切にすること）

	日付		コミュニケーションの内容／相手についての発見／感じたこと
17W ／ ( ) ～ ／ ( )	／ ( )	準備	
		メモ	
	／ ( )	準備	
		メモ	
18W ／ ( ) ～ ／ ( )	／ ( )	準備	
		メモ	
	／ ( )	準備	
		メモ	

COMMUNICATION SHEET

| (|) さん | 記入日 | 年／ | 月／ | 日 |

相手の目標

コミュニケーション戦略（関わり方で大切にすること）

	日付		コミュニケーションの内容／相手についての発見／感じたこと
17W / ( ) / ( ) 〜 / ( )	/ ( )	準備	
		メモ	
	/ ( )	準備	
		メモ	
18W / ( ) / ( ) 〜 / ( )	/ ( )	準備	
		メモ	
	/ ( )	準備	
		メモ	

COMMUNICATION SHEET

(）さん　　　記入日　　年／　　月／　　　　日

相手の目標

コミュニケーション戦略（関わり方で大切にすること）

	日付		コミュニケーションの内容／相手についての発見／感じたこと
17W ／ (　　) ～ ／ (　　)	／ (　　)	準備	
		メモ	
	／ (　　)	準備	
		メモ	
18W ／ (　　) ～ ／ (　　)	／ (　　)	準備	
		メモ	
	／ (　　)	準備	
		メモ	

COMMUNICATION SHEET

( ) さん	記入日　　年／　　月／　　日

相手の目標

コミュニケーション戦略（関わり方で大切にすること）

	日付		コミュニケーションの内容／相手についての発見／感じたこと
17W ／ ( ) 〜 ／ ( )	／ ( )	準備	
		メモ	
	／ ( )	準備	
		メモ	
18W ／ ( ) 〜 ／ ( )	／ ( )	準備	
		メモ	
	／ ( )	準備	
		メモ	

COMMUNICATION SHEET

| (|)さん | 記入日 | 年／ | 月／ | 日 |

相手の目標

コミュニケーション戦略（関わり方で大切にすること）

	日付		コミュニケーションの内容／相手についての発見／感じたこと
17W ／ (　) 〜 ／ (　)	／ (　)	準備	
		メモ	
	／ (　)	準備	
		メモ	
18W ／ (　) 〜 ／ (　)	／ (　)	準備	
		メモ	
	／ (　)	準備	
		メモ	

MEMO

WEEK 19-20

▌嫌われないフィードバックのコツ

　1on1では部下の話をしっかりと聴くことも大切ですが、部下の成長のために言うべきことは躊躇せず言うことも上司としては必要なことです。**「フィードバック」とは、部下の目標達成や成長のために、部下の行動が客観的に見てどう見えるかをありのままに伝えてあげることです。**

　フィードバックが部下の成長や目標達成のために必要なことだと、多くの上司がわかっています。にもかかわらず、「言って嫌われて関係が悪くなったらどうしよう」と心配したり、そもそも上司としての自分に自信が持てていなかったりすると、頭ではわかっていてもできないものです。

　私にも「言った方がいいよなぁ。でも言って部下の機嫌を損ねて、明日から部下が会社に来なくなったらどうしよう」と思って、結局飲み込んでしまったフィードバックが過去にたくさんあります。しかし、部下にとっては少し耳の痛いそんなフィードバックも、ちょっとしたコツで言いやすくすることができます。

それは、耳の痛いフィードバックをしないといけない時に、部下が耳を傾けてくれるように、**日々の会話においてポジティブなフィードバックとの割合を１：３にして、必ず日頃3倍はポジティブなフィードバックをしておくということです。**

　ポジティブなフィードバックと言っても、些細なことで構いません。「資料すごく見やすく作ってくれたね」「今日のプレゼン、堂々としていて感心したよ」など、部下のちょっとした変化や成長を上司が見つけ部下に伝えることで、「いつも見てくれている」という安心感も伝わります。ちょっと耳の痛いフィードバックもいつも見てくれている上司だからこそ、信頼感を持って部下にも伝わり、素直に聞いてくれるのです。

　もう１つは、**「ちょっと１つだけ感じたことを言っていいかな？」など、フィードバックを伝える前に前置きを入れることです。**
「部下の成長のためには、多少部下に嫌われてでも言うのが上司の役目」と考え躊躇なくフィードバックしていくことも１つです。しかし、前置きを入れるなど少しの配慮を加えることで、伝える上司の心の負担がわずかにやわらぎ、受け取る部下にも精神的な余裕ができるのです。

COMMUNICATION SHEET

| ( ) さん | 記入日 | 年／ 月／ 日 |

相手の目標

コミュニケーション戦略（関わり方で大切にすること）

	日付		コミュニケーションの内容／相手についての発見／感じたこと
19W　／（ ）〜／（ ）	／（ ）	準備	
		メモ	
	／（ ）	準備	
		メモ	
20W　／（ ）〜／（ ）	／（ ）	準備	
		メモ	
	／（ ）	準備	
		メモ	

COMMUNICATION SHEET

| ( ) さん | | 記入日 | 年／ | 月／ | 日 |

相手の目標

コミュニケーション戦略（関わり方で大切にすること）

	日付		コミュニケーションの内容／相手についての発見／感じたこと
19W ／ （ ） ～ ／ （ ）	／ （ ）	準備	
		メモ	
	／ （ ）	準備	
		メモ	
20W ／ （ ） ～ ／ （ ）	／ （ ）	準備	
		メモ	
	／ （ ）	準備	
		メモ	

COMMUNICATION SHEET

（　　　　　　　　　　　）さん　　　記入日　　年／　　月／　　日

相手の目標

コミュニケーション戦略（関わり方で大切にすること）

	日付		コミュニケーションの内容／相手についての発見／感じたこと
19W ／ （　） ～ ／ （　）	／ （　）	準備	
		メモ	
	／ （　）	準備	
		メモ	
20W ／ （　） ～ ／ （　）	／ （　）	準備	
		メモ	
	／ （　）	準備	
		メモ	

COMMUNICATION SHEET

| (　　　　　　　) さん | 記入日 | 年／ | 月／ | 日 |

相手の目標

コミュニケーション戦略（関わり方で大切にすること）

	日付		コミュニケーションの内容／相手についての発見／感じたこと
19W ／ ( ) ～ ／ ( )	／ ( )	準備	
		メモ	
	／ ( )	準備	
		メモ	
20W ／ ( ) ～ ／ ( )	／ ( )	準備	
		メモ	
	／ ( )	準備	
		メモ	

COMMUNICATION SHEET

| (|)さん | 記入日　　　年／　　　月／　　　日 |

相手の目標

コミュニケーション戦略（関わり方で大切にすること）

	日付		コミュニケーションの内容／相手についての発見／感じたこと
19W　／（　）～／（　）	／（　）	準備	
		メモ	
	／（　）	準備	
		メモ	
20W　／（　）～／（　）	／（　）	準備	
		メモ	
	／（　）	準備	
		メモ	

MEMO

COLUMN

なぜパワハラは起こるのか

　2020年6月よりパワハラ防止法（正式名称：改正労働施策総合推進法）が施行されました。

　大企業には、パワーハラスメントに対する具体的な対策措置を講じることが義務化され、施行に先駆けて多くの企業で社内に「パワーハラスメント対策室」などが設置されています。

　私もコーチとして、様々なクライアント企業と共にこの問題に取り組んでいます。

　実際にパワハラ対策室として、企業内で起こる様々な問題や相談に対応する担当者の方々のお話をお聞きすると、あらためてこの問題の難しさを感じます。

　実際に『パワハラを受けた』『パワハラが起きている』と寄せられる相談のうち、詳しい社内調査やヒアリングをしてパワハラと認定されるものは全体の2〜3割とのこと。つまり、半数以上は詳しい調査をして客観的に検討した上で「パワーハラスメントに該当しない」ということです。中には調査をする以前に「何となく上司が自分のことを嫌っているように感じる」などの相談もあるようです。

これがパワーハラスメント問題の難しいところで、「いくら法的にはパワハラに該当されなくても、どちらかがパワハラだと感じてしまっている」人間関係が、実際には会社内に数多く存在しているということでもあります。

では、なぜこのようなことが起きるのでしょうか。

その1つの理由は、社員一人一人の「境界線」が多様化しているからです。「こんなことを言われるのは嫌」「こんな話をするのはNG」と人によって境界線が全く異なるので、「Aさんに言って大丈夫だった話が、Bさんに言ったらダメだった…」そんなことが日常的にあり得るのです。上司でなくとも、一緒に働く人についてそれぞれが「こんな言葉は控える」「こんな話題は振らない」など、日々のコミュニケーションから相手の「境界線」を知っておかないと、思わぬ地雷になりかねないということです。

また、どんな言葉や行動も、相手がどう受け取るかは、その人との信頼関係が日々どれだけ築けているかにもよります。
パワハラと言われない、言わせない深い信頼関係が、上司や部下、同僚の間で築けるように、これからもコーチとしてこの問題に全力で取り組んでいきたいと思っています。

WEEK 21-22

「質問」は１つ

　目標達成のために、部下が気づいていない新たな視点に気づかせるよう質問をしていくことは上司の大切な関わりです。そして、もう１つ大切なのは、**部下が必要ない質問にあちこちエネルギーを分散させて浪費しないよう、部下の考えるべき質問を「１つ」に絞るという関わりです。**

　Hさんは、職場でリーダーになって間もない頃、Hさんへの不満が原因で部下が続けて退職する事態に直面しました。落ち込みながらHさんは当時の自分の上司に、「自分にも問題があっただろうけれど、辞めたメンバーの方が悪いのではないか？」「残ったメンバーでは全然能力が足りないので、このまま目標を追いかけるのは誰にとっても良くないのではないか？」そんな気持ちをぶつけました。そしてHさんの話をすべて聞いた上司が最後にこう言ってくれたそうです。「君が今、この会社で一番大変な状況にいるリーダーだということは間違いない。で、君はここから先どうしたいの？」

　その一言に、はじめはHさんもムッとする以外ありませんでした。

ただ、面談を終えて一人になった時、「部下がダメだ、能力がないと言い訳ばかりして、本当に自分は目の前の部下と十分に向き合ってきたと言えるのだろうか？」と、それまでなかった問いが頭の中を駆けめぐったと言います。さらに「もう一度今いる部下と向き合って、本当にいいチームを一から作ろう」と決意し、行動するエネルギーに変わったということでした。

こうした時に上司に求められるのは、**必要以上に部下が言う「問題」に共感しない、「問題を問題視しない」姿勢**です。もっと言えば**「本当に部下がたどり着きたい目標はどこなのか」をぶれずに見据える姿勢が上司には求められます。**

人は不安を感じてどうしていいかわからない時に、頭の中で無数のネガティブな質問を自分自身に問いかけて、思考停止してしまいがちです。そのような相手には、**何か新たにアドバイスするよりも、大切ではない不要な質問にいち早く気づかせ「今本当に考えるべき最重要テーマ」に集中させていくことが大切です。**

そうすることで、相手も自分にとっての最重要テーマに、自力で本当に必要な質問を作り、意識と行動を変えていくことができます。

問題に直面している部下には、愛情を持って非情さを選ぶことが最大の支援になることもあります。

COMMUNICATION SHEET

| ( ) さん | | 記入日 年／ 月／ 日 |

相手の目標

コミュニケーション戦略（関わり方で大切にすること）

	日付		コミュニケーションの内容／相手についての発見／感じたこと
21W ／ （ ） 〜 ／ （ ）	／ （ ）	準備	
		メモ	
	／ （ ）	準備	
		メモ	
22W ／ （ ） 〜 ／ （ ）	／ （ ）	準備	
		メモ	
	／ （ ）	準備	
		メモ	

COMMUNICATION SHEET

| ( ) さん | 記入日 | 年／ | 月／ | 日 |

相手の目標

コミュニケーション戦略（関わり方で大切にすること）

	日付		コミュニケーションの内容／相手についての発見／感じたこと
21W ／ ( ) ～ ／ ( )	／ ( )	準備	
		メモ	
	／ ( )	準備	
		メモ	
22W ／ ( ) ～ ／ ( )	／ ( )	準備	
		メモ	
	／ ( )	準備	
		メモ	

| (|) さん | 記入日 | 年／ | 月／ | 日 |

相手の目標

コミュニケーション戦略（関わり方で大切にすること）

	日付		コミュニケーションの内容／相手についての発見／感じたこと
21W ／ ( ) 〜 ／ ( )	／ ( ) ／ ( )	準備	
		メモ	
		準備	
		メモ	
22W ／ ( ) 〜 ／ ( )	／ ( ) ／ ( )	準備	
		メモ	
		準備	
		メモ	

COMMUNICATION SHEET

( ) さん	記入日 年／ 月／ 日

相手の目標

コミュニケーション戦略（関わり方で大切にすること）

	日付		コミュニケーションの内容／相手についての発見／感じたこと
21W / ( ) ～ / ( )	/ ( )	準備	
		メモ	
	/ ( )	準備	
		メモ	
22W / ( ) ～ / ( )	/ ( )	準備	
		メモ	
	/ ( )	準備	
		メモ	

COMMUNICATION SHEET

| ( ) さん | 記入日　　年／　　月／　　日 |

相手の目標

コミュニケーション戦略（関わり方で大切にすること）

	日付		コミュニケーションの内容／相手についての発見／感じたこと
21W　／　（　）　〜　／　（　）	／（　）	準備	
		メモ	
	／（　）	準備	
		メモ	
22W　／　（　）　〜　／　（　）	／（　）	準備	
		メモ	
	／（　）	準備	
		メモ	

MEMO

WEEK 23-24

1on1をすることで得られること

「これまでの部下とのコミュニケーションで、『できているつもり』というあなたの思い込みで、誰の、どんな可能性を奪ってきたかもしれないと思いますか？」

　これは管理職研修で、よく参加者の方々にお尋ねする質問の1つです。

「部下のために」を本当に考えたコミュニケーションならば、どれだけ些細であっても、部下の成長を応援し、そしてあなたと部下との信頼関係を強く深いものにしてくれます。

　一方で、上司の「できているつもり」の思い込みのコミュニケーションは、知らず知らずのうちに大切な部下の可能性や成長を奪ってしまいます。それと同時に、上司であるあなた自身の可能性や成長、そして人とのつながりでしか得られない充実感をも奪っているかもしれません。

　ちょうど先日、ある企業で半年間続けた1on1研修の最終回で、あ

るマネージャーがおっしゃったことが印象的でした。

「これまでずっと部下との関係も決して悪くないと思ってきました。いや、正直『もう、これでいいじゃないか』と自分を納得させてきました。でも今いる部下のうち、『いつか私の部下でなくなってもずっと私と一人の人間として付き合いたいと思ってくれる人は一体何人いるのだろう』と思い始めたら、もっと違う付き合い方がある気がしてきました。

そして先日初めて、一人の部下が仕事ではなく自分の家族について悩みを相談してくれて…。上司だからではなく、一人の人間として自分が頼られたという感じがして嬉しかったです。

最初は1on1を『部下のため』と思って始めたけれど、部下のためにかけた時間やエネルギーは結局すべて自分のためでもあったのだなと今は思っています」。

1on1は部下だけのためのものではありません。部下一人一人と丁寧に関わることで、上司自身も成長できる機会でもあります。また部下との信頼関係が深まることで、上司も安心感と充実感を得らえる機会にもなります。

そして、築き上げられた部下との信頼関係は、その先更にどんなビジョンやキャリアを目指すかの、上司自身の大きな支えになってくれるはずです。

COMMUNICATION SHEET

(　　　　　　　　) さん	記入日　　年／　　月／　　日

相手の目標

コミュニケーション戦略（関わり方で大切にすること）

	日付		コミュニケーションの内容／相手についての発見／感じたこと
23W　／　(　)　～　／　(　)	／　(　)	準備	
		メモ	
	／　(　)	準備	
		メモ	
24W　／　(　)　～　／　(　)	／　(　)	準備	
		メモ	
	／　(　)	準備	
		メモ	

COMMUNICATION SHEET

( ) さん	記入日 年／ 月／ 日

相手の目標

コミュニケーション戦略（関わり方で大切にすること）

	日付		コミュニケーションの内容／相手についての発見／感じたこと
23W ／ ( ) ～ ／ ( )	／ ( )	準備	
		メモ	
	／ ( )	準備	
		メモ	
24W ／ ( ) ～ ／ ( )	／ ( )	準備	
		メモ	
	／ ( )	準備	
		メモ	

COMMUNICATION SHEET

| ( ) さん | 記入日 | 年 / 月 / 日 |

相手の目標

コミュニケーション戦略（関わり方で大切にすること）

	日付		コミュニケーションの内容／相手についての発見／感じたこと
23W ／ ( ) 〜 ／ ( )	／ ( ) ／ ( )	準備	
		メモ	
		準備	
		メモ	
24W ／ ( ) 〜 ／ ( )	／ ( ) ／ ( )	準備	
		メモ	
		準備	
		メモ	

COMMUNICATION SHEET

( ) さん	記入日 年/ 月/ 日

相手の目標

コミュニケーション戦略（関わり方で大切にすること）

	日付		コミュニケーションの内容／相手についての発見／感じたこと
23W / ( ) ~ / ( )	/ ( )	準備	
		メモ	
	/ ( )	準備	
		メモ	
24W / ( ) ~ / ( )	/ ( )	準備	
		メモ	
	/ ( )	準備	
		メモ	

COMMUNICATION SHEET

( ) さん	記入日 年／ 月／ 日

相手の目標

コミュニケーション戦略（関わり方で大切にすること）

	日付		コミュニケーションの内容／相手についての発見／感じたこと
23W ／ ( ) 〜 ／ ( )	／ ( )	準備	
		メモ	
	／ ( )	準備	
		メモ	
24W ／ ( ) 〜 ／ ( )	／ ( )	準備	
		メモ	
	／ ( )	準備	
		メモ	

MEMO

私が1on1を通じて得たもの

　私が1on1を始めたのは、どうしてもそれをやるしかない状況に大きく追い詰められたことがきっかけでした。

　数年前、様々な要因が重なり、会社の業績が急激に悪化する事態に直面しました。そんな時に限って社員の退職も相次ぎ、「いよいよまずい。何とかしないと！」と立て直しのためのプランを考えていた時のことです。

　これまでも何かあっても自分の力で何とか乗り越えてきた数々の経験から、「自分が本気になったら何とかなる」というのが私の自信でもありました。しかしその時、立て直しの目標とそのためにやるべきことを書き綴っていた時、はっきりと気づいたのです。私一人が頑張ってできることは、もう何ひとつないと。

「このままいったら、会社がつぶれる。もう一人でできるふりをしている場合ではない」

　そうはっきりと自覚し、一人一人の部下の名前をノートに書き、彼女たちとどんな関わりをしていくかを真剣に考えるようになりました。そして唯一私にできることは、部下一人一人が自分の力を最大限に発揮するのをサポートすること。そして、そうすることが当

時会社を危機から回避する最良の方法でもあったのです。

　翌日から会社の置かれている状況も一人一人に包み隠さず伝えるようにし、どんな手を打っていったらいいかを真剣に相談するようにしました。すると部下からも「もっとこんな方法やってみます」「こんなやり方を試してみたらどうでしょう？」と様々な提案やアイディアをくれるようになりました。

　また、話をする時間が増えたことで、部下一人一人の今まで知らなかった一面もたくさん知ることができるようになりました。
「こんな得意なことがある社員だったんだ」
「こんな趣味があって、あと思っていたより明るい性格なのだな」
　など、部下と話すうち一人一人の知らない一面も知るようになり、いかに自分がこれまで部下のことを知ろうとしていなかったかを反省しました。

　その後１年ほどで、何とか会社も危機的な状況から脱出。「部下一人一人が活躍するのをサポートすることでしか、会社も私も生き残る道がない」と思ったところからの1on1で、今思えば私本位の目標からのスタートだったかもしれません。しかし、部下と深く関わることで一人一人を知れたこと。部下が活躍する姿を見られることは自分が活躍する以上に嬉しいこと。そして、何よりずっと過信していた自分は思っていたより未熟であったことを痛切に知れたということが、今もなおずっと大きな財産になっています。

1on1 をやってみて

小さなコミュニケーションの
積み重ねの先に見えるもの

　ここまで半年近く、1on1を継続して取り組んでみていかがでしたか？

「部下との会話そのものが増えた！」

「仕事をお願いする時、以前より遠慮なく頼みやすくなった」

「部下の小さな成長を感じることができ、上司としても充実感を感じるようになった」

「自分のことを話せる機会も増えて、部下との距離が近くなった」

　など、様々な変化を感じていらっしゃるのではないでしょうか。

　最初に考えた「部下との関係のビジョン」に近づいているなと感じている人も、そうでない人もいらっしゃるかもしれません。

　大切なことは、「今どんな関係になれているか」よりも、日々部下のことを考え、上司として部下のために関わってきたことです。その過程で、きっとあなたの部下に対するコミュニケーションも随分と変わってきているはずです。そのことは、ぜひ自分で自分のことを大切に褒めてほしい！

　最後に右ページのシートを、一人一人を思い浮かべながら振り返り、記入してみましょう。

148

（ ）さん	記入日	年／	月／	日

1on1を通じて見えた
部下の成長・変化・発見
（印象に残っている
エピソードや一言など）

この先、
更にどんな関係を
一緒に築いて
いきたいか？

（　　　　　　　　　）さん	記入日　　年／　　月／　　日

1on1を通じて見えた
部下の成長・変化・発見
（印象に残っている
エピソードや一言など）

この先、
更にどんな関係を
一緒に築いて
いきたいか？

( ) さん	記入日　　年／　　月／　　日

1on1を通じて見えた 部下の成長・変化・発見 （印象に残っている エピソードや一言など）	
この先、 更にどんな関係を 一緒に築いて いきたいか？	

REVIEW AND REFLECTION

(	) さん	記入日	年／	月／	日

1on1を通じて見えた
部下の成長・変化・発見
（印象に残っている
エピソードや一言など）

この先、
更にどんな関係を
一緒に築いて
いきたいか？

（　　　　　　　　　　）さん	記入日　　　年／　　月／　　日
1on1を通じて見えた 部下の成長・変化・発見 （印象に残っている エピソードや一言など）	
この先、 更にどんな関係を 一緒に築いて いきたいか？	

おわりに

最後までお付き合いくださり、本当にありがとうございました。

このノートが、1on1を楽しみ、部下または身近な大切な方々との関係をより良いものにするのに、お役に立てていたら嬉しいです。

本書を書きながら、今もそしてこれまでも私に関わってくださった上司や部下、そしていつも共に成長しあえる楽しみをくださるコーチ仲間たち、クライアントの皆様、友人、家族…たくさんの大切な人たちの顔が思い浮かびました。
その人たちと交わした関わりの1つ1つが、今の私を作ってくれていることをあらためて感じ、誇りに思います。

小さな関わりの積み重ねが、相手の人生を少しずつ変えていくとともに、自分自身の人生もより良いものにしてくれる。これが、私が1on1を大切に思い、より多くの企業や人に広がっていってほしいと思う一番の理由です。

一緒に成長していきたい人、目標を達成していきたい人、ずっと

応援したい人、そんな人との出会いを大切に、私もまだまだ成長していきます。

　本書の中では、すぐ実践いただける部下との関わり方のポイントとして、所属しているトラストコーチングスクールのコーチングメソッドをご紹介させていただきました。「コーチングに興味を持った」「本格的に学んでみたい」と思ってくださったら、ぜひ「トラストコーチングスクール」をご活用ください。

　「トラストコーチングスクール」で、私が尊敬する二人のコーチの書籍も、きっと皆様にお役立ていただけるものだと思いますので、最後になりますが、ご紹介させていただきます。

『目標達成の神業』
馬場 啓介

『リーダーを目醒めさせる
キラークエスチョン』
林 友香

　皆様のますますのご活躍を、心より応援しております！

TCS認定プロフェッショナルコーチ　森 真貴子

MEMO

MEMO

MEMO

MEMO

PROFILE

森真貴子
MAKIKO MORI

1978年福井県生まれ。立命館大学法学部卒業後、東証一部上場のコンサルティング会社に入社。中堅中小企業から上場企業まで、様々な企業の経営支援に携わり、教育事業会社や介護事業会社の役員などを歴任し、独立。独立後、自らが代表を務める会社で部下のマネジメントに悩み、トラストコーチングスクールで本格的にコーチングを学び、最上位資格である「TCS認定プロフェッショナルコーチ」の資格を取得。現在は、大手企業や省庁で管理職向けのコーチング研修や、あらゆる職種・階層向けのコミュニケーション研修等を担当しながら、経営者やビジネスマンを対象としたパーソナルコーチングを提供している。

コーチングのプロが教える
超実践型1 on 1

2020年6月29日　初版発行

著者　　森真貴子

発行者　磐﨑文彰
発行所　株式会社かざひの文庫
　　　　〒110-0002　東京都台東区上野桜木2-16-21
　　　　電話／FAX　03(6322)3231
　　　　e-mail: company@kazahinobunko.com
　　　　http://www.kazahinobunko.com

発売元　太陽出版
　　　　〒113-0033　東京都文京区本郷4-1-14
　　　　電話　03(3814)0471　FAX　03(3814)2366
　　　　e-mail: info@taiyoshuppan.net
　　　　http://www.taiyoshuppan.net

印刷・製本　モリモト印刷

装丁　BLUE DESIGN COMPANY